Svenja Stoll

Diskriminierung von Theater-, Film- und Kulturschaffenden durch das NS-Regime

GRIN Verlag

Bibliografische Information der Deutschen Nationalbibliothek:

Die Deutsche Bibliothek verzeichnet diese Publikation in der Deutschen National-bibliografie; detaillierte bibliografische Daten sind im Internet über http://dnb.d-nb.de/ abrufbar.

Impressum:

Copyright © 2015 GRIN Verlag, Open Publishing GmbH
Druck und Bindung: Books on Demand GmbH, Norderstedt Germany
ISBN: 978-3-668-00474-0

Dieses Buch bei GRIN:

http://www.grin.com/de/e-book/301703/diskriminierung-von-theater-film-und-kulturschaffenden-durch-das-ns-regime

GRIN - Your knowledge has value

Der GRIN Verlag publiziert seit 1998 wissenschaftliche Arbeiten von Studenten, Hochschullehrern und anderen Akademikern als eBook und gedrucktes Buch. Die Verlagswebsite www.grin.com ist die ideale Plattform zur Veröffentlichung von Hausarbeiten, Abschlussarbeiten, wissenschaftlichen Aufsätzen, Dissertationen und Fachbüchern.

Besuchen Sie uns im Internet:

http://www.grin.com/

http://www.facebook.com/grincom

http://www.twitter.com/grin_com

Beruflicher Oberschule
FOSBOS Aschaffenburg
Ottostraße 1

63741 Aschaffenburg

Schuljahr 2014/15

Seminararbeit
im W-Seminar „Diskriminierung"

Diskriminierung von Theater-, Film und Kulturschaffenden durch das NS – Regime

von
Svenja Stoll

Abgabetermin: 19. Januar 2015

„Die Kunst ist eine Tochter der Freiheit."

(Friedrich Schiller)

Inhaltsverzeichnis

1. Hinführung zum Jahr 1933

Die Medien Theater und Film wurden im Nationalsozialismus als sehr wichtig erachtet, denn ihnen wurde viel Einfluss und Macht zugesprochen. Gerade aus diesem Grund war es für die damaligen Staatsmänner von enormer Wichtigkeit, diese Form des künstlerischen Ausdrucks nicht nur zu kontrollieren, sondern vor allem für die nationalsozialistische Idee zu nutzen. Schon bei seiner Rede auf dem ersten Parteitag nach der Machtübernahme am 01. September 1933 ist Hitler auf die darstellende Kunst eingegangen. In dieser Rede sagte er, dass es mit zu der Erziehung einer Nation gehöre, den Mensch vor diesen Großen [den Künstlern] die nötige Ehrfurcht beizubringen, denn die Künstler seien die Fleischwerdung der höchsten Werte eines Volkes.[1]

Hitler hat sich von den Instrumenten ‚Theater' und ‚Film' viel versprochen. Er hat dessen Entwicklung in der Zeit der Weimarer Republik, miterlebt. Schon Anfang des 20. Jahrhunderts war das Deutsche Theater eine Institution und mit keinem anderen in Europa vergleichbar. Günther Rühle beschreibt dies in seinem Werk über die Geschichte des Theaters in Deutschland sehr bildlich. Für die Bürger, welche nach dem 1. Weltkrieg immer mehr in den Handlungsfokus der Stücke gerückt sind, hatte das Theater nahezu eine therapeutische Bedeutung. Die damaligen, aktuellen Themen, wie beispielsweise das eingeengte Leben der Frau, das Familienbild, Erziehung und Moral, sind vordergründig im Theater bearbeitet worden. Hier wurden Themen beleuchtet, über die außerhalb niemand zu sprechen wagte - es wurden Wahrheiten über das Leben gezeigt und neu definiert.

Diese Wahrheiten sollten im Nazi-Regime wiederum verändert werden und das Theater war auch jetzt der richtige Ort dafür. Allerdings war bis zu diesem Zeitpunkt der größte Teil der Theaterwelt von Juden bestimmt gewesen, wie z. B. Max Reinhardt oder Leo-

---

[1] Berndt, Alfred Ingemar: *Gebt Mir Vier Jahre Zeit - Dokumente Zum Ersten Vierjahresplan Des Führers*, Zentralverlag der NSDAP, 1938,

http://archive.org/stream/GebtMirVierJahreZeit-
DokumenteZumVierjahresplanDesFuehrers/BerndtAlfred-GebtMirVierJahreZeit-
DokumenteZumVierjahresplanDesFuehrers1938202S._djvu.txt

pold Jeßner. Auch wenn es auf der Hand liegt, dass dem Deutschen Theater ohne diese Theaterschaffenden nie eine solche Bedeutung zugekommen wäre, so sind sie ab 1933 von ihren Ämtern enthoben worden, was entweder Emigration oder später den Tod zur Folge hatte.[2]

Weil die nationalsozialistischen Machthaber ab 1933 eine eigene ‚Literatur-Epoche' schaffen wollten, in der die Stücke der Juden – und das waren nahezu alle existierenden Werke – verbannt werden und keine Bedeutung mehr haben sollten, haben Kulturpolitiker die deutsche Bevölkerung mit Nachdruck dazu aufgerufen, zu schreiben. Sogar im Rundfunk wurde mit Gewinnspielen gelockt und zum Schreiben aufgefordert. So kam es dazu, dass während Hitlers Zeit an der Macht insgesamt 2000 Theaterstücke uraufgeführt worden sind. Davon sind allerdings die meisten direkt nach der Premiere wieder aus dem Programm genommen worden, das sie die Ideologie der Nazis nicht optimal wiederspiegelten.[3]

Das primäre Thema des Theaters war nach wie vor der Krieg. Dieser ist als ein Erlebnis dargestellt worden, dessen Schrecken man nicht vergessen sollte. Das Ziel war es meist, die Niederlage in ein positive Erinnerung umzukehren.

Auch schon vorher, als die linksgesinnten Theatermacher ihre Stücke noch zeigen durften, war der Krieg das primäre Thema, jedoch war hier die Zielsetzung eine andere: Die Schrecken des Krieges sind vor 1933 dafür genutzt worden, um die künftige *Vermeidung von Krieg* in den Vordergrund zu stellen, während später im nationalsozialistischen Theater der Frontgeist gestärkt und der *Hunger nach Krieg* geweckt werden sollte.[4]

Im Folgenden wird ein Überblick gewährleistet, wie die darstellenden Künste im Dritten Reich von den Machthabern gebraucht und missbraucht wurden, um eine verkehrte Wirklichkeit darzustellen. Vornehmlich werden aber Individuen beleuchtet, die sich als Künstler mit den Vorgehensweisen und Vorschriften der Nazis arrangieren mussten. Inwiefern dies möglich war – oder auch nicht – wird am Beispiel von drei sehr bekann-

---

[2] Rühle, Günther: *Theater in Deutschland, 1887-1945: Seine Ereignisse, Seine Menschen*. Frankfurt am Main 2007, S. 691

[3] *Schlichte Bekenner* (Autor n. a.) in: *Der Spiegel Online* vom 01.09.1984, http://www.spiegel.de/spiegel/print/d-13508787.html

[4] ibidem, S.704

ten Schauspielern der nationalsozialistischen ‚Epoche' dargestellt: Leni Riefenstahl, Joachim Gottschalk und Heinrich George. Nachdem die individuellen Lebenswege und die daraus resultierenden Charakterzüge dieser Persönlichkeiten betrachtet worden sind, wird der Umgang des Einzelnen mit der Eliminierung der künstlerischen und auch persönlichen Freiheiten aufgezeigt, sowie den Konsequenzen, die jeder Einzelne daraus zog.

2. Die Bedeutung der darstellenden Kunst für die NS-Regierung

*Das Wesentliche dieser revolutionären Entwicklung ist, daß der Individualismus zertrüm-
mert wird, enthronisiert erscheint und daß an die Stelle des Einzelmenschen und seiner
Vergottung nun das Volk und seine Vergottung tritt. [...] Die deutsche Kunst des nächsten
Jahrzehnts wird heroisch, sie wird stählern-romantisch, sie wird sentimentalitätslos-
sachlich, sie wird national mit großem Pathos und sie wird gleichfalls verpflichtend und
bindend sein, oder sie wird nicht sein.* [5]

So hat es der Leiter der Reichskulturkammer Joseph Goebbels zwei Tage nach der Bücherverbrennung, welche am 10. Mai 1933 stattfand, auf der Konferenz der Theaterlei-
ter in Berlin ausgedrückt. Das war das erste Mal in der Geschichte Deutschlands, dass
sich eine Partei in solchem Ausmaß in die Belange der Kunst eingemischt hat. Auch
Adolf Hitler war der Meinung, dass das Volk unter anderem durch Individualismus
weich werde.[6] Laut dem o. a. Zitat soll nicht ein Einzelmensch vergöttert werden, sondern das Volk an dessen Stelle treten. Erinnert man sich aber an Szenen aus dem Nationalsozialismus, in denen Adolf Hitler in gottgleicher Selbstinszenierung zum Volk sprach,
so erscheint diese Aussage doch sehr paradox.

Auf diese Weise wurde nun vollständige Kontrolle über die darstellenden Künste ausge-
übt. Die regierende Partei wollte, dass das Theater das zerrissene Volk wieder zusam-
menführt. Es sollte eine Einheit schaffen und die Besucher sollten diese einheitliche Gemeinschaft erleben. Gehen Menschen miteinander einer gemeinsamen Tätigkeit nach, so
verbindet sie dies über die Unbekanntheit hinweg. Es fällt leicht mit den anderen Besu-

---

[5] Sösemann, Bernd: *Historische Orientierung: Zu Den Reichsweiten Bücherverbrennungen am 10.5.1933*, in:
Deutsches Pressemuseum im Ullsteinhaus e. V., http://pressechronik1933.dpmu.de/historische-
orientierung-zu-den-reichsweiten-bucherverbrennungen-am-10-5-1933/

[6] Rühle, a. a. O., S. 733

chern, welche man nie zuvor gesehen hat, in ein Gespräch zu kommen, da ein gemeinsames Interesse schon unausgesprochen vorhanden ist: in diesem Fall ist es das Theater oder das spezielle Stück, das angeschaut wird, über das man gemeinsam lacht, weint oder kritisch nachdenkt. Es entsteht eine Verbundenheit.

Selbst 1943, nachdem das Schiller-Theater, unter damaliger Intendanz von Heinrich George, durch Luftangriffe der Alliierten, zerbombt wurde, wurde die Kraft der Gemeinschaft aufrechterhalten und es wurde weiter gespielt. Einer der Schauspieler des Hauses, Will Quadflieg, sagte über die Bedeutung des Theaters:

> *Die Berliner kamen aus der schon zerstörten Stadt in unser zerbombtes Theater. Das Bühnenhaus und der Zuschauerraum waren eingestürzt, wir hatten aus dem Foyer eine Behelfsbühne gemacht. Unsere Theaterbesessenheit war nicht angeschlagen, und die Überzeugung der Menschen, das Theater habe ihnen auch unter diesen schweren Bedingungen etwas zu geben, war nie ins Wanken geraten.*[7]

Dieses Phänomen, diese durch die darstellende Kunst gefesselte, verharrende und beinahe verschworene Gemeinschaft, die sich daraus bildete, nutzten die NS-Politiker für sich und vor allem für ihre Ideologien. So haben Sie es nicht nur in Theater und Kino vollzogen, sondern auch beispielsweise in der Hitlerjugend, wo die Gemeinschaft weit über der Individualität des Einzelnen stand. Propagandafilme wie ,Jud Süß' der ,Hitlerjunge Quex', in denen speziell die Jugendlichen angesprochen werden, stellten die Spitze des Eisberges dar.

Das damalige Volk war noch geprägt vom 1. Weltkrieg. In den vom Krieg handelnden Stücken war es möglich, diese Thematik stückweise zu verarbeiten, gemeinsam mit den anderen Besuchern, die das gleiche Schicksal teilten. Das Theater oder auch das Kino wurde zu einem Raum, in dem man gemeinsam die vergangenen Schrecken durch den Krieg durchleben konnte. Außerhalb war dies nicht möglich. Die wenigsten Menschen haben über Ihre Erlebnisse gesprochen, diese sind vielmehr verdrängt worden. Auch wenn es sich nobel anhört, dass die Menschen einen Raum bekommen haben, indem sie Erlebtes verarbeiten konnten, so blieb es nicht allein dabei. Natürlich ist durch den Inhalt, durch die Aussage und Zielführung des Stückes oder Filmes gleichzeitig manipuliert

---

[7] Knopp, Guido: *Hitlers nützliche Idole wie Medienstars sich in den Dienst der NS-Propaganda stellten.* München 2008, S. 197

und in das Denken der Zuschauer eingegriffen worden. Das Theater ist der optimale Ort dazu. Kennt man doch die Euphorie, die Kraft und Stärke, die man spürt nachdem man einen Film, ein Theaterstück, ein Musical oder eine Oper gesehen hat. Es reißt einen mit. Man lässt sich gefangen nehmen von der Thematik und ist dem „Helden" des Stückes sehr nahe. Ist dieser Protagonist nun ein Kriegsfreund, einer der über Leichen geht für sein Vaterland, wie beispielsweise Schlageter, der Protagonist des gleichnamigen Stückes von Hanns Johst, der am Ende des Stücks einen Märtyrer-Tod stirbt, so wird genau das erreicht, was die nationalsozialistischen Politiker wollten: Der Frontgeist beim Volk wird stark. Der Krieg wird schmackhaft gemacht, indem er verherrlicht wird.

Um ein reines, nationalsozialistisches Theater zu realisieren, musste vorerst die sogenannte ‚Säuberung' (Personenaustausch), stattfinden. Zwei Tage nach dem Reichstagsbrand vom 27. auf den 28. Februar 1933 konnte man im ‚Völkischen Beobachter' lesen: „Jetzt wird rücksichtslos durchgegriffen."[8] (siehe auch: Abb. 1, Anhang) Auf die Künste bezogen war die Bücherverbrennung am 10. Mai 1933 eine von vielen Antworten dieser Ankündigung. Sie war ein deutliches Zeichen der Entschlossenheit und Konsequenz der Nationalsozialisten. Ziel bei der Säuberung war nicht nur das Entfernen von allem undeutschen aus den deutschen Theatern, sondern auch die Vernichtung des bis dato etablierten linken Theaters, welches in der Republik starken Einfluss gehabt hat. Das Zitat von Joseph Goebbels (s. o.) etabliert sich dadurch immer mehr zu einer Groteske. Das Volk soll zwar an erster Stelle stehen und sogar an die Stelle des Einzelmenschen treten, jedoch wird das Volk vorerst so gestaltet, wie es keine Gefahr mehr für die Führung Deutschlands ist. Es wird so lange aussortiert, bis alle Glieder des Volkes das Gleiche wollen, denken und fühlen. Das Volk erscheint so als ein Ganzes, welches in ein und die selbe Uniform passt. Wie im völkischen Beobachter angekündigt, ist hier innerhalb einer ganzen Bevölkerung rücksichtslos selektiert worden. Für Individuen war in diesem Volk kein Platz. Es erscheint so, als wäre alles menschliche vernichtet worden und nur maschinenartige Wesen durften existieren und sich opfern für das Vaterland, um Hitlers Traum wahrwerden zu lassen: Eine Neuordnung Europas.

---

[8] Hitler, Adolf und von Sebottendorf, Rudolf (Hrsg.) (Autor n. a.): *Das Maß Ist Voll! Jetzt Wird Rücksichtslos Durchgegriffen!*, in: *Völkischer Beobachter* vom 01.03.1933

An die Spitze des Theaters sind Menschen gesetzt worden, die die Ideologien der Politiker gleichgesinnt geteilt haben. Hanns Johst und später auch Franz Ulbrich, der aus Weimar gekommen ist, waren die führenden Kräfte im Staatstheater.[9] Der Tag, an dem Max Reinhardt und Leopold Jeßner Deutschland verlassen haben, galt als das Ende des Theaters der Republik. Dies war am 01.03.1933. Von da an begann eine neue ‚Epoche' in Deutschland. Den Startschuss setzte am 04.04.1933 das Stück ‚Ewiges Volk' von Kurt Kluge unter der Regie von Karl Heinz Martin, welches seine Premiere im Deutschen Theater in Berlin feierte.[10] Es handelte von den Gebirgskämpfen in Kärnten um 1918 und war Kluges erstes Stück, mit dem er der nationalsozialistischen Ideologie Zustimmung schenkte, galt er vorher doch eher als Literat des Friedens.[11] Daran lässt sich erkennen, wie sehr die damaligen Künstler unter dem Druck der Entscheidung standen, ob sie sich dem Regime anpassen, Widerstand leisten oder das Land widerspruchslos verlassen sollen. Einen Mittelweg gab es nicht. Entweder ganz oder gar nicht. Es fällt daher nicht leicht, Personen wie Kurt Kluge einen Vorwurf zu machen.

---

[9] Rühle, a. a. O., S. 726

[10] ibidem, S. 712

[11] Wikipedia: *Kurt Kluge*, http://de.wikipedia.org/w/index.php?title=Kurt_Kluge&oldid=130294733

3. Folgen der Diskriminierung an Kulturschaffenden am Beispiel von Leni Riefenstahl, Joachim Gottschalk und Heinrich George

3.1. Leni Riefenstahl

Kurt Kluge war bei weitem nicht der Einzige, der sich dem Regime anpasste. Eine der berühmtesten Hitler-Sympathisantinnen war Leni Riefenstahl, die eigentlich Helena Bertha Amalia Riefenstahl heißt. Die im Jahr 1902 in Berlin geborene Tänzerin, Schauspielerin, Fotografin und weltberühmte Regisseurin ist die wohl umstrittenste, deutsche Künstlerin des 20. Jahrhunderts. Ihre Karriere begann, als sie in Berlin nach einem Tanzauftritt von dem berühmten Regisseur Max Reinhardt entdeckt und sofort engagiert wurde. Nach nicht mal einem Jahr, aber mehr als 70 Auftritten verletzte sie sich in Prag bei einem Auftritt schwer am Knie und beendete so unfreiwillig ihre Tanzkarriere. Schnell fand sie eine neue Leidenschaft: den Film. Die selbstbewusste, eigenständige und forsche Frau setzte alle Hebel in Bewegung, um den Regisseur Arnold Fanck, der damals den Film „Berg des Schicksals" in die Kinos brachte, persönlich zu treffen, um ihm von ihren Plänen Schauspielerin zu werden, zu berichten. Das tat sie. Drei Tage später erhielt die damals zweiundzwanzigjährige ein Drehbuch von Fanck zu dem Film ‚Der Heilige Berg' mit ihr als weibliche Hauptrolle. Dies war der Anfang einer jahrelangen Zusammenarbeit zwischen Riefenstahl und Fanck. Bis zu ihrem 31. Lebensjahr arbeitete Sie mit ihm zusammen, bis sie die Herausforderung suchte. Da sie bei Ufa (Universum Film AG) keine Rolle bekam, gründete sie entschlossen ihre eigene Produktionsfirma, die ‚L. R. Studiofilm' und drehte den Film ‚Das blaue Licht', von dem Riefenstahl als einzige überzeugt war. Er wurde ein Erfolg. Sie identifizierte sich mit der Rolle der Berghexe Junta, die sie auch selbst spielte: „[B]eide seien geliebt und gehasst worden. Beide seien verstoßene Außenseiterinnen gewesen, [...] und dafür von der Welt geächtet [worden]."[12] Die Zeit der Dreharbeiten zu ‚Das blaue Licht' gehörte zu den glücklichsten Phasen in Leni Riefenstahls Leben, da sie sich endlich künstlerisch ausleben konnte und sich selbst sehr nahe war. Doch nach der Premiere im Berliner Ufa-Palast im März 1932 stand sie nahezu vor dem finanziellen Ruin, aufgrund der erheblichen Investitionen in den Film und der aktuellen Weltwirtschaftskrise. Voller Angst vor dem Abstieg ließ sie

---

[12] Knopp, a. a. O., S. 281

sich von dem Mann in den Bann ziehen, der so viele zu der Zeit begeisterte: Adolf Hitler.

Auch wenn sie sich nicht für Politik interessierte, hörte sie der Rede Hitlers im Berliner Sportpalast im Frühjahr 1932 zu und beschrieb diesen Moment als ‚Erweckungserlebnis':

> *Mir war, als ob sich die Erdoberfläche vor mir ausbreitete – wie eine Halbkugel, die sich plötzlich in der Mitte spaltete und aus der ein ungeheurer Wasserstrahl herausgeschleudert wurde, so gewaltig, dass er den Himmel berührte und die Erde erschütterte.*[13]

Leni Riefenstahl galt als Schönheit und hatte eine große Anziehungskraft auf Männer. Arnold Fanck verliebte sich in sie, während sie ihn nur als Künstler bewunderte. Ihr Kollege Luis Trenker war ihr ebenfalls verfallen, dessen Gefühle sie anfangs auch erwiderte. Es folgten unzählige Verehrer, doch Riefenstahl war karrierefixiert und ließ sich selten auf Liebschaften ein, was wahrscheinlich auf die strenge Erziehung durch ihren Vater und ebenso auf ihr früheres, exzessives Tanzstudium zurückzuführen ist. Nach dieser tiefgreifenden Erfahrung während Hitlers Rede, war sie entschlossen ihn persönlich kennenlernen zu wollen, was sich zeitnah ereignete. Augenblicklich war der Führer ihrer Schönheit verfallen, jedoch maßregelte er sich selbst, indem er – laut Leni Riefenstahl – bemerkte, dass er keine Frau lieben dürfe, bis er nicht sein Werk vollendet habe.[14] Doch Hitler war sich auch der Möglichkeiten, die ihm der Film hinsichtlich der Propaganda bot, bewusst. Riefenstahl behaupte, dass er sie schon beim ersten gemeinsamen Treffen bat: „Wenn wir einmal an der Macht sind, dann müssen Sie meine Filme machen."[15] Diese Bitte schlug sie zu diesem Zeitpunkt aus. Jedoch sollte es anders kommen. Nachdem die NSDAP an die Macht kam, gab es nur noch eine Filmindustrie und es gab keine Wahlmöglichkeiten. Entweder drehte man für die Nationalsozialisten oder gar nicht. Riefenstahl wurde eine gute ‚Freundin' Hitlers und Mitglied in der Reichskulturkammer. Sie drehte ab 1934 als Regisseurin Propagandafilme für die Partei und entwickelte sich von einer gefeierten Darstellerin friedlicher Bergfilme zu einer Paradefigur des nationalsozialistischen Spiel- und Dokumentarfilms. Ihre hervorragende Kameraarbeit, der Einsatz modernster Techniken beim Dreh und der moderne Schnitt in der Postproduktion machten Sie zu einer berühmten Regisseurin mit ungeahnten Fähigkei-

---

[13] Knopp, a. a. O., S. 285

[14] ibidem, S. 288

[15] ibidem, S. 287

ten, wie sie es beispielsweise beim Dreh des Dokumentarfilms zur Olympiade 1935 in Berlin bewies. Als Schauspielerin arbeitete sie zwischen 1933 und 1945 kaum noch, außer in dem Film ‚Tiefland', stammend aus der gleichnamigen Oper aus dem Jahr 1903, den sie selbst produzierte und in dem sie selbst Regie geführt hat. Für den Film, der in Spanien spielte und für den sie südländisch aussehende Schauspieler benötigte, soll sie angeblich 68 Sinti und Roma aus Arbeitslagern verpflichtet haben, die später in Konzentrationslagern ermordet wurden. Unter anderem wegen solchen – vermutlich gerechtfertigten – Anschuldigungen galt sie seit jeher als gefühlskalt und rigoros.[16]

Bis zu ihrem Tod im Jahr 2003 hat sie immer wieder beteuert, dass die Filme, die sie machte, keine Propagandafilme gewesen seien und dass sie Hitlers Angebote eigentlich nie annehmen wollte. In der Talkshow ‚Je später der Abend', die am 30. Oktober 1976 ausgestrahlt wurde, rechtfertigt sie sich fortlaufend vor den anderen Studiogästen Knut Kiesewetter und Elfriede Kretschmer und dem Moderator Hansjürgen Rosenbauer (siehe Filmdatei und Abschrift in Anlage 3 u. 5).

Guido Knopp nennt Leni Riefenstahl eine „Komplizin des Führers"[17] und betitelt diejenigen als „wahre Stars", die dem Regime widersprachen, die sich dem Einfluss entzogen, wie beispielsweise Thomas Mann oder Marlene Dietrich.[18]

Auch Hansjürgen Rosenbauer, der Moderator der Talkshow ‚Je später der Abend' hat eine skeptische Haltung Riefenstahl gegenüber, wie auch die anderen Talk-Gäste. Jedoch gibt er der Schauspielerin die Gelegenheit, Stellung zu nehmen, was diese anfangs resigniert abwehrt.[19] Schließlich tut sie dies doch und gibt Einblick in ihr Innerstes, was von Menschlichkeit zeugt, auch wenn man dies nur schwerlich beurteilen kann. Es erweckt den Eindruck, als fühle sich Leni Riefenstahl diskriminiert von all jenen, die sie seit ihrer Arbeit für das Nazi-Regime dafür verurteilen. Sie werde seit Jahrzehnten verfolgt „wie eine Hexe im Mittelalter".[20] Auch sagt sie, dass sie die vielen Menschen verstehe, die verbittert seien und auf diese Art und Weise reagieren und ihr gegenüber treten wür-

---

[16] Kühnert, Hanno: *Nach Dem Prozeß der Leni Riefenstahl gegen Nina Gladitz: Wenn Juristen Vergangenheit klären*, in: *Die Zeit* vom 27.03.1987, http://www.zeit.de/1987/14/wenn-juristen-vergangenheit-klaeren

[17] Knopp a. a. O., S. 294

[18] ibidem, S. 12

[19] Rosenbauer, Hansjürgen (Moderator): *Je später der Abend*. TV-Talkshow, Deutschland 1973-1978; Ausstrahlung am 30.10.1976 im WDR (Zitiert aus Abschrift des Gespräches: siehe Anhang), Z. 4; Z. 6

[20] Rosenbauer a. a. O., Z. 31

den.[21] Mit der Aussage am Schluss, dass ihre Wunden noch lange nicht vernarbt seien, zeigt sich Riefenstahl als ein verletztes Opfer des Nazi-Regimes. Dass sie dies offen zeigt, lässt darauf schließen, dass ihr Hoffnung innewohnt, stückweit verstanden zu werden.[22] Bis zu ihrem Tod im Jahr 2003 musste sie sich immer wieder rechtfertigen, was angesichts ihres Verhaltens während des nationalsozialistischen Terror-Regimes und ihrer persönlichen Beziehung zu Adolf Hitler verständlich ist.

3.2. Joachim Gottschalk

Es gab aber auch etliche andere Schicksale, Menschen, die von den Nazis nicht unterstützt wurden wie Leni Riefenstahl, sondern an ihnen zugrunde gingen, weil sie sich aus moralischen Gründen nicht adaptieren konnten. Diese Diskrepanz der Schicksale macht es schwer, Verständnis für einen gefeierten Star und eine enge Vertraute Hitlers aufzubringen. Joachim Gottschalk ist einer von vielen Schauspielern, der am Faschismus zugrunde ging, auch wenn er ihm anfangs, ebenso wie Riefenstahl, diente. Erstmalig stieß er an Grenzen, als er 1934 den ‚arischen Nachweis' erbringen musste. Da er mit einer Jüdin verheiratet war und somit als ‚jüdisch versippt' galt, benötigte Gottschalk die ‚Sonderauftrittserlaubnis des Reichsministeriums für Volksaufklärung und Propaganda'. Meta Wolff, seine Ehefrau, die ebenfalls Schauspielerin war, hatte zu dieser Zeit schon Aufführungsverbot. Wie jeder städtisch Angestellte im Jahr 1936 musste Gottschalk ein Treuegelöbnis an den Führer ablegen. Zu dieser Zeit stand der Schauspieler aufgrund seiner ‚unreinen' Ehe schon unter starker Beobachtung der Regierung. Diese war sich bewusst, dass sein Vertrag am Frankfurter Schauspielhaus noch bis 31.08.1941 lief, trotzdem erhielt der Intendant Hans Meißner am 17.12.1937 einen Brief von dem Gaupropagandaleiter Willi Stöhr, indem er mitgeteilt bekam, dass die jüdische Versippung des Schauspielers Gottschalk der Bevölkerung und der Parteigenossenschaft bekannt sei und dass dies große Empörung auslöse. Er solle die geeignet erscheinenden Schritte unternehmen, um das Verbleiben und Auftreten Gottschalks in Frankfurt zu beenden.[23] Nach dem beendeten Arbeitsverhältnis in Frankfurt unterschrieb Joachim

---

[21] ibidem, Z. 38 ff.

[22] ibidem, Z. 47 ff.

[23] Hennig, Klaus J.: *...oder Man Geht Zugrunde,* in: *Die Zeit Online* am 01.04.2004, http://www.zeit.de/2004/15/ZL-Gottschalk_2f15/komplettansicht?print=true

Gottschalk einen Vertrag am Theater in der Saarlandstraße (heutiges Hebbeltheater) in Berlin. Sein Vertragspartner war Eugen Klöpfer, der Volksbühnenintendant von Joseph Goebbels. Ab jetzt versuchte sich Gottschalk anzupassen und wurde immer beliebter als Schauspieler. Auch die Kinoindustrie kam nicht an ihm vorbei. 1938 dreht er in Libyen ‚Aufruhr in Damaskus'. In dem Film werden deutsche Soldaten als standhaft und mutig dargestellt. In der Nacht des 09. Novembers 1938 erfuhr Gottschalk im Hotel in Lybien, was sich in Deutschland ereignet und war in Angst und Sorge um seine Frau Meta und seinen damals fünfjährigen Sohn. Es war die Reichskristallnacht. Gottschalks Familie geschah nichts.

Auch nach Beginn des großen Krieges am 01. September 1939 ging das Filmgeschäft vorerst weiter. Gottschalk war mittlerweile einer der Lieblinge der Deutschen und galt als ‚deutscher Clark Gable'. Nur aufgrund seiner Beliebtheit wurde seine jüdische Familie noch von Maßnahmen der Regierung verschont. In der Spielsaison 1940/41 war Joachim Gottschalk vorerst nicht mehr auf Besetzungslisten zu finden. Intendant Eugen Klöpfer rechtfertigte diesen Zug, indem er zugab, dass Goebbels die Besetzung mit Gottschalk verbot, da ihn die jüdische Ehefrau störe.[24]

Als der Regisseur von ‚Jud Süß' Veit Harlan im Jahr 1941 Gottschalk unbedingt für seinen Film ‚Die goldenen Stadt' besetzen möchte, trifft dieser sich mit Goebbels. Der Leiter der Reichskulturkammer ließ sich lauthals über Gottschalks Frau aus und betitelte sie als „raffiniert[e] Jüdin", die Gottschalk mit „ausgedachtesten Sexuallisten" verführe. Gottschalk solle „seine Chonte [jiddisch für: ‚Nutte', ‚Hure'] hinschicken, wo der Pfeffer wächst."[25] Doch Goebbels war bereit zu einem Kompromiss: Joachim Gottschalk solle sich von seiner Frau scheiden lassen, dafür würde Goebbels Meta und den Sohn Michael in die Schweiz gehen lassen. Weil Gottschalk nicht daran glaubte, dass die Schweiz sicher vor dem Krieg sei, lehnte er ab. Der Ton wurde bestimmter und aus einem Vorschlag Goebbels wurde ein Befehl des SS-Offiziers und ‚Sondertreuhänder der Arbeit für die kulturschaffenden Berufe' Hans Hinkel, der Verantwortliche für die ‚Entjudung' des Kulturbetriebs: „Sie werden sich scheiden lassen, Herr Gottschalk! [...] Wen interessiert schon, was aus einer Jüdin wird?"[26]

---

[24] ibidem, S. 5

[25] Harlan, Veit: *Im Schatten Meiner Filme.* 1966 (S. Mohn), S. 144 f.

[26] Hennig a. a. O., S. 5

Diese beruflich und private Aussichtslosigkeit trieb Joachim, Meta und den achtjährigen Michael in den Freitod. In der Nacht auf den 07. November 1941 drehte Joachim Gottschalk den Gashahn in der Wohnung der Familie auf.

Goebbels schrieb daraufhin in sein Tagebuch:

> *Am Abend kommt noch die etwas peinliche Nachricht, daß der Schauspieler Gottschalk, der mit einer Jüdin verheiratet war, mit Frau und Kind Selbstmord begangen hat. Er hat offenbar keinen Ausweg mehr aus dem Konflikt zwischen Staat und Familie finden können. Ich sorge gleich dafür, daß dieser menschlich bedauerliche, sachlich fast unabwendbare Fall nicht zu einer alarmierenden Gerüchtebildung benutzt wird. Wir leben in einer sehr harten Zeit, und das Schicksal nimmt den Einzelmenschen manchmal erbarmungslos vor. [...]*[27]

Auch wenn jeglicher Nachruf von der Regierung untersagt wurde, so bewältigten es die Freunde von Joachim und Meta, dass trotz des Verbots, jüdische und arische Tote zusammen zu bestatten, die Familie Gottschalk ein gemeinsames Grab bekam.

Erst sechs Jahre später wurde das Schicksal der Gottschalks deutschlandweit bekannt, als der Film ‚Ehe im Schatten' in Deutschland anläuft, der auf dem Leben des Schauspielers Gottschalk beruht.[28]

Erst dann erfuhr Deutschland, was der Schauspieler durchlitt. Jahrelang sah man nur seinen Ruhm, nicht aber sein Leid. Seine Scheidung konnte er nur verhindern, indem er sich von der Schauspielkunst schied. Das war Erpressung und Diskriminierung eines Schauspielers, der sich nicht an die enggestrickten Bedingungen, die an Künstler jener Zeit gestellt worden sind, halten konnte. Seine Überzeugungen und ethischen Beweggründe ließen ihn nicht von der Seite seiner Familie weichen. Er stellte sich, anders als beispielsweise Leni Riefenstahl, gegen das Nazi-Regime, auch wenn dieses ihm und seiner Schauspielkarriere sehr wahrscheinlich zu großem Ruhm verholfen hätte, hätte er sich anders entschieden.

3.3. Heinrich George

Es ist nicht leicht, die Persönlichkeit des Menschen Heinrich George oder, wie er eigentlich heißt, Georg August Friedrich Hermann Schulz, zu erkennen; passt doch seine Ein-

---

[27] Goebbels, Joseph: *Die Tagebücher von Joseph Goebbels - Teil 2: Diktate 1941-1945. Band 9: Juli-September 1943.* München 1993, S. 206

[28] Schneider, Hubert: *Erinnern für die Zukunft – Ehe Im Schatten.* September 2013, http://www.erinnern-fuer-die-zukunft.de/Mitteilungen/Titelseite_17/Inhalt17/EheImSchatten17/eheimschatten17.html

stellung als Heranwachsender ganz und gar nicht zum Nationalsozialismus, dem er sich letztlich verschrieb.

George wurde am 09. Oktober 1893 in Stettin geboren. Schon während seiner Schulzeit konzentrierte er sich vor allem auf die Schauspielerei und war schon früh Komparse und Statist an örtlichen Bühnen. Der erste Weltkrieg erzwang eine künstlerische Pause und Heinrich George meldete sich im Jahre 1914 freiwillig zur Front. Seine Vorstellung über den Krieg entsprach allerdings nicht der Realität, was der Grund für einen Nervenzusammenbruch war, den er an der Ostfront erlitt. Laut einigen Biographen sei er eines Tages aus einem Schützengraben herausgestiegen und habe seine Munition in die Luft geschossen, während er pathetisch Schillers ‚Glocke' darbot. Nach diesem Vorfall habe er einige Monate in einer Irrenanstalt in Stettin verbracht.[29] 1917 wurde George aus dem Militärdienst offiziell entlassen und stand nur 2 Monate später wieder auf der Bühne, allerdings war er durch den Krieg verändert. Er wollte keine Komödien mehr spielen, stattdessen ernste Rollen ausfüllen. Nicht nur der Schauspieler George war nach dem Krieg ein anderer, auch der Mensch. Er trank zu viel Alkohol, was zu ausgiebigen, exzessiven Partys führte, bei denen er beispielsweise nackt auf einem Tisch stehend Geige spielte.[30] Auch hat er unzählige Rollen betrunken gespielt, was seiner schauspielerischen Genialität aber keinen Abbruch tat.

1922 ging er in die Reichshauptstadt Berlin, um die dortigen Bühnen zu erobern, was ihm in kürzester Zeit gelang. Dort wurde er nicht nur als einer der besten deutschen Schauspieler bekannt, sondern auch als Menschenfreund, der sich für Schwächere einsetzt. Er forderte mehr Lohn für die Schauspieler, die nicht so bekannt waren wie er und schlecht bezahlt wurden, auch wenn dies ihn nicht betraf. Mit seinem Ensemble spielte er Schillers ‚Die Räuber' zugunsten der ‚Roten Hilfe', eine kommunistische Hilfsorganisation. Als er an der Volksbühne spielte (am heutigen Rosa-Luxemburg-Platz in Berlin) wurde er oft mit der KPD (Kommunistische Partei Deutschlands) in Verbindung gebracht. Erwin Piscator, der in der Weimarer Republik die Theaterbühne zum politischen Ort machte und das ‚politische Theater' formte, war der damalige Leiter der ‚Volksbühne'. Hier galt es als Ziel den Kommunismus zu propagieren und Heinrich

---

[29] Knopp, a. a. o., S. 156

[30] ibidem, S. 158

George befand sich als Protagonist mittendrin, jedoch sah er sich selbst mehr als humanistischen Botschafter, als politischen Akteur.

„Es gibt keine Menschen mehr, alles nur Theater, Schieberei. Morgen Abend spiele ich Gorkis ,Nachtasyl'. Das musst du sehen! Wenn ich da auf der Bühne im Volkstheater stehe und den Leuten im Parkett einen Begriff gebe, was der Mensch wert ist – oder wert sein könnte!"[31]

Diese Sätze von Heinrich George, die er an den Dramatiker Fritz von Unruh gerichtet hat, machen sein Verlangen deutlich, dass die Menschen ihren Wert erkennen, sich wertschätzen für das, was sie sind, unberücksichtigt ihren Lebensumständen, sondern einfach aus sich selbst heraus. Der Kontrast zum Nationalsozialismus, der zu dieser Zeit (Ender der 1920er Jahre) noch nicht vorherrschend war, könnte an dieser Stelle nicht größer sein, wo doch dort der Wert des Menschen einzig und allein an ethnischen Rassenmerkmalen, physischer und psychischer Unversehrtheit und politischer Attitüde gemessen wurde. George war zu dieser Zeit alles andere als ein Nazi-Sympathisant, er warnte sogar vor dem „verblödenden Gift des Antisemitismus" in seiner Rolle als Dichter Zola in dem Stück ,Affäre Dreyfus'.[32] Er galt in der Öffentlichkeit als ausgeprägt linksgesinnter Künstler.

Doch George selbst sah sich nicht als politischer Schauspieler, sondern als eine Persönlichkeit die sich dem Theater verschrieben hat und hier Verantwortung übernimmt für das, was sie tut und sagt. Sein Biograph Peter Laregh nannte sein Naturell eigenwillig und exzentrisch und nicht zuordnungsfähig in die Dogmatik einer Partei. Er spiele Stücke nur aufgrund ihm zusagenden Texten und nicht aus politischen Beweggründen.[33] Das spürte auch mehr und mehr die kommunistische Presse, weshalb George dort immer mehr Missfallen erntete. Dies störte ihn aber nicht im Geringsten, da er nichts anderes war, als ein leidenschaftlicher Schauspieler, der sich zu dieser Zeit auf seine Paraderolle, den ,Götz von Berlichingen' vorbereitete. Sein Schauspielkollege Bernhard Minetti sagte über Heinrich George in dieser Rolle, dass er ihn zwar „oft im Suff, aber immer mit gewaltiger Kraft und hinreißend" gespielt habe.[34] Glaubt man den historischen Stimmen

---

[31] Knopp, a. a. o., S. 161

[32] ibidem, S. 161

[33] Laregh, Peter: *Heinrich George, Komödiant Seiner Zeit.* 1992, S. 95

[34] Knopp, a. a. o., S. 162

und seinen Biographen, so muss George ein exzellenter Instinktschauspieler gewesen sein, der seine Rollen wie kein anderer vereinnahmte. Er selbst beschrieb seine Herangehensweise an eine neue Rolle folgendermaßen:

> *Ich muss eine Vision von meiner Rolle haben. Auf einmal geht der Vorhang in mir auf, und vor mir steht die Figur, die ich darzustellen habe. Geht es nicht so schnell, dann muss ich auf die Bühne und probieren und probieren, bis der Schweiß aus allen Poren bricht... Ich muss leben, erleben, mich hineinschmeißen in das Stück, wegwerfen an die Rolle. Das ist nur bei der Probe möglich. Allein bin ich überhaupt aufgeschmissen. Ich muss den anderen geben und von ihnen nehmen, bis zum Zusammenbrechen.*[35]

Nachdem er Ende der 1920er Jahre an diversen Stummfilmen, wie beispielsweise Fritz Langs ,Metropolis' mitwirkte, drehte er ab 1930 auch Tonfilme. Einer seiner ersten Filme dieser Art war ,Dreyfus', die Verfilmung des Dramas ,Affäre Dreyfus'. Auch auf der Leinwand (wie ein paar Jahre zuvor auf der Theaterbühne) verkörperte er den Dichter Emile Zola, der sich in aller Deutlichkeit gegen Antisemitismus ausspricht. Dies wurde kritisch von den aufstrebenden Nationalsozialisten beobachtet, war dies doch eine Zeit, in der die NSDAP nach der erfolgreichen Reichtagswahl als zweitstärkste Partei in das Parlament einzog. Auch die Vereinigten Staaten von Amerika wurden aufgrund seines außergewöhnlichen Talents auf George aufmerksam. Es wurden diverse Angebote für Filmrollen an ihn herangetragen, von denen er auch einige annahm. Dafür zog er in die USA. Er lebte dort in einer Villa am Strand von Santa Monica und bekam eine Nobelkarosse zur Verfügung gestellt. Doch George wurde mit diesem Leben nicht glücklich. Er hatte so großes Heimweh, dass er schon Ende des Jahres 1931 wieder nach Deutschland reiste und weitere Angebote in Amerika ablehnte. Hier kommt seine Vaterlandsliebe zum deutlichen Ausdruck, wobei diese nicht dem Land und dessen politischer Einstellung galt, sondern einzig und allein seiner Familie in Deutschland und der deutschen Sprache. Er könne nur aus der deutschen Sprache gestalten. In Deutschland sei der Blutquell seiner Kunst. Er sei auf Gedeih und Verderb auf dieses Land angewiesen. So beschrieb George selbst seine Liebe zu seiner Heimat.[36] Eine Emigration kam für ihn also nie in Frage. Die Konsequenz daraus war, dass er sich mit dem Nazi-Regime arrangieren musste, was er auch tat. Berthold Brecht schrieb daraufhin George aus dem dänischen

---

[35] Maser, Werner: *Heinrich George: Mensch Aus Erde Gemacht. Die Politische Biographie.* Berlin 1998, S. 57

[36] Köster, Peter: *Der Pakt Mit Dem Teufel - Heinrich Georges Liaison Mit Den Nazis,* in: SWR2 Tandem – Manuskriptdienst vom 19.11.1996, http://www.swr.de/-/id=11425574/property=download/nid=8986864/9knql5/swr2-tandem-20130724-1920.pdf

Exil einen mahnenden, offenen Brief mit den Worten: „Wir ermahnen Sie, an den Wandel der Zeiten zu denken, Sie und Ihresgleichen, die so rasch bereit sind, mitzumachen, allzu fest vertrauend auf den ewigen Bestand der Barbarei und die Unbesieglichkeit der Schlächter."[37]

Doch wo man keine Gefahr sieht, ist eine Warnung wenig wert. Hat Heinrich George wirklich nicht die Gefahr gesehen und war nur darauf aus, zu spielen? Hat ihn allein seine Liebe zum Schauspiel dazu bewogen sich mit den Nazis zu arrangieren? Hierzu gibt es verschiedene Stimmen. Die emigrierte Schauspielerin Elisabeth Berger betitelte George als ratloses, verzweifeltes, hilfloses Kind.[38] Schließt man sich dieser Meinung an, so könnte man es so sehen, dass George tatsächlich einfach nicht auf die Schauspielerei verzichten wollte und konnte, weil ihn selbst definiert hat. Das Theater und den Film aufzugeben hätte für ihn bedeutet, sich selbst aufzugeben, gar aufzuhören zu existieren, als das, was er war. Kann man es einem Menschen übel nehmen, seine innigste Leidenschaft nicht loslassen zu wollen?

Viele Kritiker bejahen dies und kreiden George an, dass er sich immer weiter in die Gesellschaft der Nazis begeben hat. Er wurde im Jahr seines fünfundzwanzigsten Bühnenjubiläums 1937 von Hitler persönlich zum ‚Staatsschauspieler' ernannt und gehörte somit zur obersten Künstlerliga des Deutschen Reiches. Er stand ganz oben in der Gunst Hitlers und Goebbels, schon allein nach seiner Darbietung im berühmten Propagandafilm ‚Hitlerjunge Quex', indem er allerdings sehr überzeugend einen Kommunisten spielt, dessen später angedeuteten Gesinnungswandel zu den Nationalsozialisten hölzern und unnatürlich wirkt, was eventuell zeigen könnte, wie schwer es George fiel, sich in eine solche Rolle hineinzudenken, hatte er doch sonst niemals Probleme dergleichen und war die Rolle noch so herausfordernd. Doch er spielte mit in diesem Film und auch noch in anderen Propagandafilmen, wie beispielsweise ‚Jud Süß' und er tat es aus Überzeugung. Wie genau diese Überzeugung zu untermauern ist, lässt sich nur vermuten. Allerdings fällt es schwer einen Menschen der Böswilligkeit zu beschuldigen, der seinem gutem Freund Ulrich Sander, ein Kamerad Georges aus dem Ersten Weltkrieg, auf die Frage, warum er denn so dem Nazi-Regime diene, antwortete: „Sie lassen uns spielen, wie uns

---

[37] Thate, Hilmar: *Neulich, Als Ich Noch Kind War: Autobiografie: Versuch Eines Zeitgenossen*. Bergisch Gladbach 2006, S. 139

[38] Knopp, a. a. o., S. 171

noch niemals jemand hat spielen lassen. Verstehst du?"[39] Gisela Uhlen, ebenfalls eine Schauspielerin dieser Zeit, bestätigt, dass alle noch an die gute Tat glaubten.[40]

Glaubt man diesen Beteuerungen, so kann man die Schauspieler und Schauspielerinnen dieser Zeit, ob emigriert oder nicht, angepasst oder unangepasst, als Opfer, Diskriminierte, gar Missbrauchte des nationalsozialistischen Deutschlands betrachten. Während Heinrich George sich bis zum Kriegsende als Intendant des Schiller-Theaters dafür einsetzte, dass Juden, Halbjuden oder sonstige ‚Undeutsche', die im Theater beschäftigt waren, auch dort bleiben durften und ihnen Sondergenehmigungen von der Regierung beschaffte, wurde er andererseits von der Opposition als Hitler-Freund beschimpft. Ernst Stahl-Nachbaur, ein Halbjude, dem George auf diese Weise behilflich war und ihm somit das Leben rettete, sagte nach Kriegsende zum Geheimdienst der Sowjets (NKWD) – die auf der Suche nach belastenden Zeugenaussagen gegenüber Heinrich George waren, um ihn verurteilen zu können – dass sich George stets für ihn und andere jüdische Schauspieler eingesetzt habe. Doch alle, die ihm helfen und ihn entlasten wollten, „wurden nicht gehört und die, die hätten helfen können, taten es nicht [...]",[41] so die UFA GmbH (frühere Universum Film AG) über den Fall Georges. Auch wenn Heinrich George am 14. Mai 1998 von der Russischen Föderation offiziell rehabilitiert wurde, so ist es doch bedauernswert, dass er keine Chance hatte, dies zu erleben, nachdem er entkräftet im ehemaligen ‚Konzentrationslager Sachsenhausen' bei Oranienburg – das nach dem Krieg von den Sowjets genutzt wurde, um ehemalige Nazi-Sympathisanten ohne Urteil festzuhalten – an einer schlecht behandelten Blinddarmentzündung starb. Bis zuletzt spielte er im NKWD-Lager Theater und entführte die Mithäftlinge in eine fiktive Welt, die ihnen half weiterzuleben. Einer der Mithäftlinge erinnerte sich: „Das ganze Lager strömte ins Kellertheater und holte sich für viele Tage Anregung, Inhalt und Vergessen aus diesen Stunden, in denen sich George als Faust so verjüngte, dass man ihn kaum wiedererkannte."[42]

---

[39] Knopp, a. a. o., S. 185

[40] ibidem, S. 185

[41] UFA-Bericht: *Leben und Wirken von Heinrich George*, 18.10.2012, http://www.ufa.de/channels/spotlights/ufa_historie/leben_und_wirken_von_heinrich_george/

[42] Knopp, a. a. o., S. 205

Man könnte seinem Sohn Götz George zustimmen, wenn er über seinen Vater sagt: „Er hat bezahlt."[43] Auch er geht neben vielen anderen Künstlern jener Zeit als Opfer der Nazis in die Geschichte ein.

4. Fazit

Nach näherer Betrachtung verschiedener, individueller Lebenswege von Schauspielern in der Zeit zwischen 1933 und 1945, treten unterschiedliche Emotionen auf. Zum einen Unverständnis und sogar Wut, dass sich manche Künstler auf enorme Art und Weise haben einschränken lassen in ihrer Ausdrucksform und -weise. Dann aber auch Mitleid und Trauer über arme Seelen, die, wenn sie spielen wollten, nur eine Chance hatten: sich anzupassen. Doch was heißt das für einen Künstler? Ist das dann noch Kunst? Da die künstlerische Freiheit unweigerlich bis ins Kleinste eingeschränkt wurde, muss man diese Frage verneinen. Es liegt hier nicht nur eine Diskriminierung an der darstellerischen Kunst selbst, sondern auch eine massive Herabwürdigung des einzelnen Künstlers vor, dessen innigster Wunsch es ist, sich selbst und damit auch individuelle Ansichten über das Leben auszudrücken. Im Nationalsozialismus wurde nur eine Ansicht des Lebens geduldet. Die Künstler mussten sich dem anschließen, was Hochverrat an der eigenen Person bedeutete. Personen wie Leni Riefenstahl arrangierten sich und veränderten ihre Persönlichkeit in einer Weise, dass diese mit der der nationalsozialistischen Anführer übereinstimmte. Andere, wie Joachim Gottschalk zerbrachen an dem Regime und sahen keinen anderen Ausweg, als den Tod. Die Person Heinrich George dagegen muss man sehr differenziert betrachten. Er wandte sich nicht gegen den Führer, er passte sich an. Allerdings nur aus einem Motiv heraus: Er wollte spielen. Er konnte nicht aufhören, das zu tun, was seine Person, sein Leben und seine Leidenschaft ausmachte. Durchaus kann man ihn für viele Dinge kritisieren, die er getan hat, jedoch kann man auch bewundernd auf sein Leben schauen und sehen, wie vielen Menschen, die die Nationalsozialisten mithilfe der ‚Endlösung' normalerweise ‚entsorgt' hätten, er durch seinen Einsatz das Leben gerettet hat, indem er sie am Theater beschäftigte, mit Ihnen auf Theater-

---

[43] UFA-Bericht: *Leben und Wirken von Heinrich George* 18.10.2012,
http://www.ufa.de/channels/spotlights/ufa_historie/leben_und_wirken_von_heinrich_george/

tournee ging und sich Tag für Tag um Sondergenehmigungen, bei der ihm wohlgesinnten Regierung, bemühte, damit dies möglich war.

Aus heutiger Sicht kann man sich kein Urteil erlauben, weder über Leni Riefenstahl noch über Joachim Gottschalk, Heinrich George oder sonstige Künstler dieser Zeit, da dies ein Zeitabschnitt der Weltgeschichte war, den sich keiner, der nicht in diesen Jahren gelebt hat, gedanklich vor Augen führen kann.

5. ANHANG 1 – Bibliografie

5.1. Literatur

- Daiber, Hans: *Schaufenster Der Diktatur: Theater Im Machtbereich Hitlers.* Stuttgart (Neske) 1995
- Goebbels, Joseph: *Die Tagebücher von Joseph Goebbels - Teil 2: Diktate 1941-1945. Band 9: Juli-September 1943.* München 1993
- Harlan, Veit: *Im Schatten Meiner Filme.* 1966 (S. Mohn)
- Knopp, Guido: *Hitlers nützliche Idole wie Medienstars sich in den Dienst der NS-Propaganda stellten.* München (Goldmann) 2008
- Laregh, Peter: *Heinrich George, Komödiant Seiner Zeit.* 1992
- Maser, Werner: *Heinrich George: Mensch Aus Erde Gemacht. Die Politische Biographie.* Berlin 1998
- Rühle, Günther: *Theater in Deutschland, 1887-1945: Seine Ereignisse, Seine Menschen.* Frankfurt am Main 2007
- Thate, Hilmar: *Neulich, Als Ich Noch Kind War: Autobiografie: Versuch Eines Zeitgenossen.* Bergisch Gladbach 2006

5.2. Internet-Quellen

- Berndt, Alfred Ingemar: *Gebt Mir Vier Jahre Zeit - Dokumente Zum Ersten Vierjahresplan Des Führers,* Zentralverlag der NSDAP, 1938, http://archive.org/stream/GebtMirVierJahreZeit-DokumenteZumVierjahresplanDesFuehrers/BerndtAlfred-GebtMirVierJahreZeit-DokumenteZumVierjahresplanDesFuehrers1938202S._djvu.txt
  (Abrufdatum: 30. August 2014)

- Heinrich, Anselm: *Brüche und Kontinuitäten. Theater im „Dritten Reich" und in der Bundesrepublik,* http://www.zeitgeschichte-online.de/thema/brueche-und-kontinuitaeten
  (Abrufdatum: 22. August 2014)

- Hennig, Klaus J.: *...oder Man Geht Zugrunde,* in: *Die Zeit Online* am 01.04.2004, http://www.zeit.de/2004/15/ZL-Gottschalk_2f15/komplettansicht?print=true
  (Abrufdatum: 29. Oktober 2014)

- Kasztelan, Isabell und Kiesewetter, Helen: *Ernst Barlach,* 2007, http://www.beirat-fuer-geschichte.de/fileadmin/pdf/band_18/Demokratische_Geschichte_Band_18_Essay_4.pdf
  (Abrufdatum: 28. August 2014).

- Köster, Peter: *Der Pakt Mit Dem Teufel - Heinrich Georges Liaison Mit Den Nazis,* in: SWR2 Tandem – Manuskriptdienst vom 19.11.1996, http://www.swr.de/-/id=11425574/property=download/nid=8986864/9knql5/swr2-tandem-20130724-1920.pdf
  (Abrufdatum: 01. November 2014)

- Kühnert, Hanno: *Nach Dem Prozeß der Leni Riefenstahl gegen Nina Gladitz: Wenn Juristen Vergangenheit klären*, in: *Die Zeit* vom 27.03.1987, http://www.zeit.de/1987/14/wenn-juristen-vergangenheit-klaeren

  (Abrufdatum: 29. Oktober 2014)

- Kutzbach, Karl August: *Kurt Kluge*, in: Neue Deutsche Biographie 12, 1979, http://www.deutsche-biographie.de/ pnd118723618.html

  (Abrufdatum: 8. September 2014).

- *Schlichte Bekenner* (Autor n. a.) in: *Der Spiegel Online* vom 01.09.1984, http://www.spiegel.de/spiegel/print/d-13508787.html

  (Abrufdatum: 05. September 2014)

- Schneider, Hubert: *Erinnern für die Zukunft – Ehe Im Schatten*. September 2013, http://www.erinnern-fuer-die-zukunft.de/Mitteilungen/Titelseite_17/Inhalt17/EheImSchatten17/eheimschatten17.html

  (Abrufdatum: 29. Oktober 2014)

- Sösemann, Bernd: *Historische Orientierung: Zu Den Reichsweiten Bücherverbrennungen am 10.5.1933*, in: Deutsches Pressemuseum im Ullsteinhaus e. V., http://pressechronik1933.dpmu.de/historische-orientierung-zu-den-reichsweiten-bucherverbrennungen-am-10-5-1933/

  (Abrufdatum: 03. September 2014)

- *Spielen oder Sterben* (Autor n. a.) in: *Der Spiegel* vom 04.12.1995, Ausgabe 49/1995, http://www.spiegel.de/spiegel/print/d-9247136.html

  (Abrufdatum: 09. Dezember 2014)

- UFA-Bericht: *Leben und Wirken von Heinrich George* 18.10.2012, http://www.ufa.de/channels/spotlights/ufa_historie/leben_und_wirken_von_heinrich_george/

  (Abrufdatum: 01. November 2014)

- Wikipedia: *Kurt Kluge*, http://de.wikipedia.org/w/index.php?title=Kurt_Kluge&oldid=130294733

  (Abrufdatum: 6. September 2014).

5.3. Zeitschriften

- Hitler, Adolf u. von Sebottendorf, Rudolf (Hrsg.) (Autor n. a.): *Das Maß Ist Voll! Jetzt Wird Rücksichtslos Durchgegriffen!*, in: *Völkischer Beobachter* vom 01.03.1933

  (Originalabbildung des Titelblattes im Anhang 2)

5.4. TV

- Rosenbauer, Hansjürgen (Moderator): *Je später der Abend.* TV-Talkshow, Deutschland 1973-1978, Ausstrahlung am 30.10.1976 im WDR

6. ANHANG 2 – Originalabbildung Völkischer Beobachter

http://www.vulture-bookz.de/imagebank/Dokumente/pages/1933-03-01~Reichstagsbrand_und_Notverordnung.html

7. ANHANG 3 – Mitschrift aus „Je später der Abend" – Talkshow vom 30.10.1976

Ab Minute 50:33

1 HR: Frau Riefenstahl, wir müssen uns jetzt entscheiden, ob [...] sie zu etwas Stellung
2 nehmen möchten, damit Sie nicht das Gefühl haben hier sei über Sie Gericht
3 gesessen worden.
4 LR: Ich bin hier und mache das, was von mir verlangt wird.
5 HR: Was wird von Ihnen verlangt?
6 LR: Ja, was sie möchten. [...] Ich bin ja nicht in dem Sinne frei.
7 HR: Ich muss sagen, mich erschüttert diese Haltung sehr. Weil ich glaube, dass es ein
8 Misstrauen beinhaltet gegen Menschen und gegen diese Gesellschaft, die für meine Be-
9 griffe relativ frei ist. [...]
10 LR: Wissen Sie Herr Rosenbauer, das ist deshalb so, weil das was ich nach dem Krieg
11 und auch schon während des Krieges mitgemacht habe so erschütternd und so schreck-
12 lich ist, dass ich darüber hier gar nicht sprechen kann [...] und um das zu erklären müss-
13 te ich vieles sagen und müsste mich auch verteidigen und das möchte ich nicht. Das ist
14 mir sehr unangenehm. [...] Wenn man über diese Dinge spricht, die alle Menschen inte-
15 ressieren, müsste man ausführlicher darüber sprechen und das kann man doch hier gar
16 nicht.
17 HR: Ich glaube, dass es ein sehr begrüßenswerter Ansatz war, gerade diese Diskussion
18 zwischen Leuten ganz unterschiedlicher Herkunft über ein Problem das wir alle noch
19 nicht bewältigt haben und wir jungen schon gar nicht.
20 LR: [...] Ich war über 3 Jahre im Gefängnis [...]. Ich habe über 50 Prozesse im Armenrecht
21 geführt. Ich habe sie alle gewonnen. Und dass es für mich sehr schwer ist neben solchen
22 Partnern, wie die gnädige Frau hier (zeigt auf den Gast Elfriede Kretschmer), die so viel
23 vorher schon gewusst hat und vorher schon ein Gegner des Regimes war, dass ich da gar
24 nichts dagegen sagen kann. Da müsste ich so vieles sagen, was ich hier nicht kann und
25 darum bin ich etwas hilflos. Denn ich höre nur ‚Ich hätte das nicht gemacht'. Ich kann ja
26 nicht erklären – das ist ja unmöglich – warum ich es gemacht habe und dass ich es nicht
27 mal ungern gemacht habe. Um das zu verstehen, dass man nicht mit Steinen nach mir
28 wirft, müsste ich so viel sagen...
29 HR: Haben Sie das Gefühl, dass Sie im Grunde nicht selbst bestimmt haben, was mit Ih-
30 rem Leben geschehen ist und dass es Schicksal war?
31 LR: Nein, es ist so, ich werde seit Jahrzehnten verfolgt wie eine Hexe im Mittelalter und
32 da habe ich eine ganz empfindliche Haut bekommen. Man wirft... Ein Rufmord ist mit
33 meinem Namen gemacht worden, der unheimlich ist. Und da müssen Sie verstehen, dass
34 ich da nicht unemotional empfinden kann.
35 [...]
36 LR: Ich wurde ja noch gar nicht [nach meiner Meinung] gefragt.
37 HR: Darf ich Sie jetzt fragen?

38 LR: Ich kann dazu nur das Eine sagen: Dass ich die Menschen, die im Dritten Reich gelebt
39 haben und die so viel mitgemacht haben... dass ich diese Menschen verstehe, wenn sie
40 heute mit dieser Verbitterung auf diese Zeit reagieren, dass es aber viele Menschen gab,
41 die – und dazu gehöre ich auch – es von der positiven Seite nur gesehen haben und die
42 erst, als es bekannt wurde, als ich im Gefängnis war, als der Krieg zu Ende war, von die-
43 sem fürchterlichen Verbrechen hörte, eine Welt zusammen brach, eine solche Erschütte-
44 rung erlebte, dass mir und ich glaube anderen Menschen auch, niemals mehr gesund
45 werden können und darum bin ich immer diesen Talkshows ausgewichen. Das ist die
46 erste zu der ich dann, nach langem Zögern, ‚ja‘ gesagt habe. Weil diese Wunden noch
47 lange, lange nicht vernarbt sind.
48 (APPLAUS)
49 HR: Ich glaube, wir sollten an dieser Stelle einfach aufhören und ich fand es toll, dass Sie
50 gekommen sind, dass Sie sich gestellt haben, dass Sie diskutiert haben […]